FRAGMENS

D'UN MÉMOIRE

SUR

LE SYSTÈME ÉLECTORAL

EN FRANCE,

ADRESSÉ AU CONSEIL DES MINISTRES

PAR M. GOUGET-DESLANDRES,

Ancien Substitut du Procureur-Général au Parlement, et ex-Conseiller à la Cour de Cassation, électeur et éligible dans le département de la Côte-d'Or, auteur de la NOUVELLE LÉGISLATION DE L'IMPÔT ET DU CRÉDIT PUBLIC, et de plusieurs autres ouvrages sur l'Économie politique.

PARIS,

DE L'IMPRIMERIE DE HUZARD-COURCIER.

1824.

FRAGMENS

D'UN MÉMOIRE

SUR

LE SYSTÈME ÉLECTORAL

EN FRANCE.

La haute question de législation politique que l'on se propose de traiter dans cet écrit ne demande point d'introduction : tout y sera consacré à une discussion qui devient indispensable pour arriver à la mesure nouvelle que l'on se permet de proposer.

§ Ier. Les lois qui ont établi la mesure des élections pour former la Chambre des députés des départemens (système inhérent à la constitution d'un gouvernement représentatif), ces lois n'ont été remarquables que par leur mobilité, que par une instabilité toujours décourageante et pénible; elles n'ont point été l'ouvrage d'hommes d'état; elles devaient être écrites comme lois *fondamentales*. Cependant depuis trente ans elles n'ont été que fugitives et toujours signalées par l'incertitude et par l'hésitation.

Ce n'était point à une *élection* qu'il fallait tendre, c'était à un *choix*. L'élection et le choix sont deux choses absolument différentes, puisqu'elles peuvent produire des résultats opposés.

On ne reconnaît, dans toutes nos lois sur le système électoral, que des règlemens éphémères, que des dispositions de circonstances; elles ne sont appuyées sur aucun moyen de gouvernement. La brusque manière d'opérer et de transiger avec les évènemens qui vinrent presser le législateur, fut toujours périlleuse, et ne dut rien produire de durable pour les temps à venir. On pourrait en dire : *C'est le Parthe qui lance son trait en fuyant.*

§ II. Le système électoral était connu dans les constitutions des anciens peuples : l'éligibilité participait souvent de la volonté des citoyens de la dernière classe, concurremment avec ceux de la plus élevée; d'autres fois, cette éligibilité procédait de la volonté de toutes les classes du peuple, modifiée par le sort. Mais les lois interposées pour mitiger les volontés de ceux qui participaient aux élections, venaient toujours redresser celles qui auraient pu être nuisibles, et les rendaient profitables à la chose publique; ces lois dirigeaient les votes sur la classe des citoyens instruits, sur celle aussi qui était la plus aisée, sur la plus digne de la confiance du peuple, qui s'était soumis au système électoral. Ainsi, ces lois étaient marquées au coin d'une sage prévoyance.

Tel gouvernement qui est constitué de manière à être astreint à former des classes parmi les citoyens, doit y apporter des mesures bien sages. « C'est, dit le président de Montesquieu (1), dans la manière de faire cette division que les grands législateurs se sont signalés. »

. . . .

A une époque beaucoup moins ancienne, et dans un autre gouvernement, l'on ne délibérait sur les choses les plus importantes de l'état que par centuries, c'est-à-dire par une mesure qui appelait toujours les patriciens, les

____

(1) Livre II, chapitre II.

principaux, les gens riches et le sénat, à disposer de l'autorité. La division des moyens de puissance populaire était plutôt une division de *cens* et de *moyens* qu'une division de *personnes* (1). Les Romains avaient donc jugé qu'ils devaient se donner une loi fondamentale et conservatrice de leur gouvernement. Une pareille loi manque en France : il s'agit de la faire porter.

Sous un autre mode, la loi d'élection donnée pour Athènes était également *fondamentale,* puisqu'elle était conservatrice. Ce qui est fondamental dans une loi d'élection est positivement ce qui y est *écrit* pour *conserver* le gouvernement duquel elle émane, ce qui y est *porté* pour écarter ce qui peut tendre à sa destruction.

Ainsi, par des lois différentes, mais *fondamentales,* les législateurs que nous venons de citer étaient parvenus au même but, celui de faire procéder à un *choix,* celui de ne point s'abandonner à une nomination, à une *élection* proprement dite, et de faire améliorer les choix par plus d'une épreuve. On ne peut trop le répéter ; il s'agit, dans ces observations critiques, de parler à tout le monde : l'*élection* et le *choix* sont deux choses tout-à-fait dissemblables.

L'élection peut n'être qu'une mesure purement mécanique : sans considération aucune ni pour le bien ni pour le mal, elle peut porter sur des hommes incapables ou indignes. Il n'y a donc eu, jusqu'à présent, rien de fondamental dans toutes nos lois portées sur le système électoral, puisque ces cas ne sont pas prévus.

Au contraire, tout ce qui tient à l'élection dans un gouvernement représentatif, tout ce qui doit donner le mouvement et la vie à ce qui le constitue, doit avoir, dans son essence et dans sa marche, un résultat certain, déterminé,

---

(1) Le président de Montesquieu, livre **XI**, chapitre **XIV**.

politique, conservateur, prévu d'avance par les sages auxquels la durée du gouvernement est confiée.

L'influence de la loi des élections sur les destinées de
l'état est si puissante, que l'on doit tout tenter afin
que le résultat de l'exécution de la loi vienne toujours
garantir une chose *positive* pour la consolidation du bien
public. Alors la loi aura un caractère *fondamental*. Ce résultat sera ce que l'on reconnaîtra et ce que l'on obtiendra
par un *choix*.

Le *choix*, par sa propre et simple acception, indique que
l'on aura donné la préférence à ce qu'il y aura de plus
digne. Le *choix* est par lui-même l'accomplissement d'un
devoir; c'est à cela seulement que l'on reconnaîtra si la loi
qui l'aura dirigé mérite d'être nommée *fondamentale*, si
elle est digne d'être appelée la pierre solide, ou mieux encore la clef de la voûte de l'édifice.

Lorsqu'on réunit des ouvriers à la construction, à la ré-
paration d'un bâtiment pour assurer sa durée, ce ne doit
pas être ceux dont l'intention trop marquée est pour sa destruction : de là une immense distance entre *élection* et
choix; il y a différence dans les deux mots; il y en a dans
les deux choses.

Ainsi, l'*élection* proprement dite, pour être aventurée,
pourra être toute révolutionnaire et destructive de nos in-
stitutions sociales; le *choix*, au contraire, dirigé par une
loi fondamentale, sera toujours *conservateur*.

§ III. Lorsqu'on sera parvenu à faire une loi sage, stable
et sévère, pour assurer et pour garantir un choix, alors
seulement on pourrait se plaindre d'un ministère qui voudrait l'influencer.

Mais tant qu'une loi fondamentale et conservatrice n'aura
pas été donnée, tant que cette loi, difficile sans doute à
porter, n'existera point, et que l'*élection* n'aura que la
fausse prétention d'être considérée comme un *choix*, ce
sera le devoir du ministère, et un devoir éminemment

imposé, que d'employer tous les moyens qui sont en lui pour faire opérer un choix proprement dit.

On voit déjà que le ministère, par sa marche, a admis la différence qui existe entre *élection* et *choix*. Si, dans cet état d'absence d'une loi directrice du *choix,* pour obtenir une saine majorité, le ministère restait inactif, son inertie serait coupable, puisqu'il aurait négligé les moyens de conserver et de maintenir le gouvernement.

Le ministère craindrait-il d'avouer qu'il ne considère comme dignes de la confiance de la nation française, que ceux qui se réunissent dans une communauté de suffrages et d'actions pour le maintien du trône et de la Charte; craindrait-il de confesser hautement qu'il s'est acquitté de son devoir, en faisant ses efforts pour éloigner les déloyaux ennemis de la paix et de tout ordre? Non, le ministère avouera son ouvrage; il se glorifiera d'avoir franchement entrepris de faire cesser les divisions intestines, entretenues par ces hommes qui n'appellent les bouleversemens et les troubles que pour constituer à leur gré et à leur profit, au milieu de nos ruines, une autorité parasite qui viendrait tout dévorer.

§ IV. Parlons plus franchement :

L'ordre des choses exige que tout état soit constitué de manière à pouvoir opposer la force à la force.

Or, les factions ne détruiraient pas les empires, si elles n'avaient pas une force qu'elles savent se créer contre les gouvernemens vis-à-vis desquels elles s'insurgent.

Le but de toute con-sociation civile, quelle qu'en soit la forme, doit être d'empêcher qu'elle ne puisse être ébranlée par un vice intérieur.

Si l'on passe en revue tous les états qui ont subsisté, et même ceux qui subsistent encore, on trouvera que leur dépérissement doit être attribué au même principe, aux mêmes raisons; on veut dire à un manquement de force, à un vice intérieur.

« Cet inconvénient , dit un publiciste (1), peut infecter
» également les monarchies , les démocraties, les aristo-
» craties , et même les états despotiques ; il est donc dans
» les principes des gouvernemens qui veulent subsister, que
» le pouvoir reconnu et légitime puisse toujours arrêter le
» pouvoir *de le détruire.* »

§ V. Réclamer pour une majorité éclairée, sage et dévouée, ne veut pas dire, cependant, qu'une opposition
dans la Chambre des députés puisse être nuisible aux intérêts sociaux , à moins que cette opposition ne veuille devenir turbulente , qu'elle finisse par se faire *majorité.* Alors
une telle opposition est un empêchement éternel à tous
moyens de pouvoir gouverner, et , dans cet état de choses ,
un ministère , même le plus dévoué aux intérêts de la nation
et du prince, ne trouve jamais que de perpétuels obstacles
pour le bien qu'il voudrait opérer.

Au contraire , une opposition loyale qui s'appuie sur des
idées d'économie et d'ordre ; une telle opposition est dési-
rable, puisqu'elle peut devenir nécessaire.

Si une opposition professant ces principes n'existait pas ,
il faudrait la créer avec ces nobles caractères ; elle serait le
produit de ces sentimens d'amour pour ce qui réunit tous
les intérêts de la patrie , pour tous ceux de la France , éter-
nellement inséparables de ceux du trône et de la légitimité,
qui viennent se confondre sous les mêmes liens et dans un
même faisceau.

Que si une opposition rigide et vigoureuse subsiste dans
le parlement d'Angleterre, quelque turbulente qu'elle soit
ou qu'elle puisse être, on a toujours vu que cette même
opposition , fidèle à son dévouement à la patrie et au trône ,
est, au premier danger, toute disposée à s'unir de fait et
d'intention à la majorité des Chambres.

---

(1) L'annotateur de l'Esprit des Lois, livre IX , chapitre Ier, § II.

De ce qui vient d'être exposé on peut conclure que, si une majorité entièrement dévouée au bien est une puissance utile, nécessaire, et même indispensable pour la gloire et la conservation d'un gouvernement représentatif, d'autre part, une opposition zélée, bien intentionnée, formée de citoyens tous affranchis, hormis de l'esclavage de la liberté et du noble lien qui attache à la patrie, sera un autre bienfait du même gouvernement. La nation, appelée par la publicité des débats à prononcer sur ses propres intérêts, pourra toujours être édifiée des motifs qui feront prendre les résolutions auxquelles elle est appelée à se soumettre. Ainsi, l'on aurait une Chambre de députés dont la majorité serait toujours prête à faire le bien, toujours prête à s'opposer au mal; mais, par les résultats de la loi que l'on va proposer, la France entière serait également assurée de n'avoir, dans ce qu'on appelle une *opposition*, qu'un choix de représentans disposés à faire éclaircir les doutes, et non à les effleurer seulement par le sarcasme.

§ VI. Nous essaierons de proposer les bases d'une législation électorale, dont l'exécution, d'après une loi *fondamentale* de l'état, puisse obtenir des résultats tels que l'on soit assuré d'un *choix*, et que la mesure soit de nature à forcer toujours les colléges électoraux à donner en majorité, pour députés, de vrais *Français*, et de ne point livrer la Chambre à des ÉTRANGERS, c'est-à-dire aux ennemis de la paix et de la concorde.

Lorsqu'on étudie le système électoral dans les législations des anciens peuples, on y reconnaît, comme on l'a dit, que les moyens employés par leurs gouvernemens étaient toujours disposés pour faire tomber les choix sur des hommes instruits, sur des hommes opulens, et surtout sur ceux que leur courage et leur énergie signalaient comme les plus vertueux; c'est à cela que l'on reconnaît que la volonté de ces peuples était d'être gouvernés : ce doit être la nôtre.

Heureux (si toutefois cela était toujours possible), heureux les peuples qui usaient avec sagesse, et avec la passion du bien, de cette sorte de prérogative, de pouvoir confier leurs destinées à ceux qui s'étaient rendus dignes d'une confiance générale! C'est à cet avantage que doit tendre le gouvernement français.

Cette matière est l'objet de notre grave discussion; mais on ne peut la suivre qu'après avoir attaqué ces lois de circonstances qui ont préparé et appelé des dangers qui ont toujours menacé la société d'un péril imminent.

§ VII. C'est sans hésitation qu'on le répète : ces règlemens, qui ont constitué le régime que nous attaquons, n'ont été ni mûris dans leurs projets, ni discutés quand il a été question de les transformer en lois de l'état. Ces lois ont été toutes improvisées, et n'ont eu d'autres élémens que ceux produits par des circonstances tumultueuses, et enfantées par la peur. Nous sommes fondés à faire la critique de ces lois, quand nous demandons qu'elles soient abolies et remplacées par d'autres.

Puisqu'on était tenu de marcher d'après les bases et les principes d'un gouvernement représentatif, il fallait agir par la puissance de lois qui vinssent le protéger et le défendre, et non par des règlemens mobiles et fugitifs, si propres à le rompre et à le détruire.

On a déplacé la puissance des assemblées électorales....

. . . .

§ VIII. Ça a été aussi une grande imprudence que d'avoir discuté une loi qu'on n'a point adoptée, et surtout d'en avoir adopté une qui n'a pas eu le mérite de la discussion (1): cependant, c'est encore là le terrain sur lequel nous marchons.

Il est donc utile, il est devenu nécessaire de chercher à rassembler les élémens d'une loi *fondamentale* qui vienne

---

(1) On renvoie aux débats qui ont eu lieu en 1817 et 1820.

régler, fixer, déterminer les droits des citoyens par rapport au choix des députés, et par rapport au *mode* pour arriver à ce choix ; c'est là une opération de laquelle dépendent à la fois la tranquillité de l'état, la stabilité du trône, le bonheur d'une nation ; car enfin il s'agit de laisser reposer la France.

On ne saurait encore bien savoir si la proposition de M. *Barthélemy* , sur la nécessité de modifier le système électoral, était le fruit de sa seule pensée ; ou s'il y avait accord avec plusieurs autres membres de la Chambre des pairs : toutefois cette proposition n'aurait pas dû être repoussée comme elle le fut, non par le ministère d'alors , mais par un seul ministre du Roi. Cette pensée et cette proposition d'un noble pair , dont les intentions étaient garanties par d'honorables travaux et par de longs malheurs , tendaient à la conservation de nos libertés : dès cette époque elles pouvaient produire une réforme salutaire.

D'ailleurs, cette proposition plaçait le ministère dans l'attente d'une épreuve qu'il n'était appelé qu'à saisir ; il n'avait qu'à écouter et à laisser faire. . . . .

Cette proposition, sortie de la Chambre des pairs, mettait le ministère dans le cas de s'expliquer avec une noble franchise ; elle le plaçait, à l'égard de tous les partis, hors des reproches et des accusations. . . . .

Jamais il n'est arrivé en Angleterre., qu'un ministre du Roi se soit opposé à un examen des loix existantes, quand la proposition avait pour objet d'essayer de les améliorer.

On vient de dire que la proposition de M. *Barthélemy* pouvait être conservatrice de nos libertés. . . . .

Le péril de la destruction a existé , il a été jugé : ce n'a été qu'alors qu'on a pensé à modifier le système électoral. Le ministère dont l'un des membres avait repoussé avec violence la proposition d'un pair de France qui avait si bien jugé les choses et les évènemens qui se préparaient, ce ministère s'est jeté à corps perdu dans le premier asile qui lui a été offert : on se hâta de se dérober aux secousses qui menaçaient de toutes parts; on ne fit aucun calcul, sinon celui de sortir très promptement d'une discussion dangereuse, produite sans y avoir trop réfléchi.

Est-ce ainsi que l'on fait des lois qui doivent être accréditées dans l'opinion des peuples, comme *fondamentales* du plus important des systèmes: de celui sur lequel repose la colonne qui soutient le gouvernement représentatif?

. . . .

. . . . . Certes! l'on ne doit point être rassuré sur l'avenir, puisque l'on peut craindre que le succès que l'on a voulu obtenir par la prépondérance d'une Chambre d'élections, en quelque sorte privilégiée, ne soit plus que douteux, au moins dans quelques départemens. Les succès obtenus dans les dernières élections, sont-ils un gage assuré pour l'avenir?

Le ministère actuel, qui marche avec tant de franchise et de noblesse dans la carrière qu'il s'est ouverte; qui a proposé l'abolition des mesures préventives à l'égard de la liberté de la presse; qui a su franchir avec la première session qu'il a réunie, le hideux provisoire en finances, si funeste au crédit; qui, nonobstant les sinistres prédictions retentissant du haut de la tribune jusqu'aux extrémités de la France, déjà marche avec une troisième session; ce ministère, fort de l'opinion et de la confiance, n'eût point acquiescé à l'érection de ces grands colléges, qui ne ressemble à rien moins qu'à une *assurance contre la peur*.

§ X. Cependant, que deviendraient aujourd'hui et le gouvernement et le ministère, si une minorité factieuse allait devenir tout à coup la *majorité* de la Chambre? Peut-on prévoir ce qu'elle oserait entreprendre, quand forte de ce premier succès, elle se présenterait avec tous les ressentimens qu'auraient préparés les antécédens ? Le pouvoir de dissoudre la Chambre, cette prérogative royale ne pourrait même plus être un remède: une nouvelle Chambre, créée par la même brigue de cette opposition hostile, n'en serait que plus entreprenante. Voila ce que le ministère, même celui qui gouverne aujourd'hui, ne pourrait point empêcher : c'est donc un tel évènement, qui tôt ou tard peut être produit, qui doit fixer dès ce jour, toute la sollicitude des hommes d'état auxquels le salut de la patrie est confié.

Voici comment il est permis de raisonner et de conclure sur la matière : s'il y a des *doutes* pour le résultat des nominations des députés, il y a indubitablement *erreur* dans la loi qu'on exécute encore aujourd'hui. Il ne faut pas qu'une loi, donnée comme *fondamentale* et qui doit l'être, laisse des incertitudes sur les résultats qu'elle doit produire; autrement, on peut le répéter sans s'exposer à la censure, il y a *erreur*: cette erreur peut devenir *funeste*.

Qu'est-ce que la loi de 1820 ? La loi de 1820 n'est autre que la loi de 1817. C'est la même loi à la différence cependant qu'on a jeté une pomme de discorde, en accordant un double vote et en formant des colléges électoraux de deux classes: des *grands* et des *petits colléges*.

Si l'on craint le résultat des votes, alors on est réduit à manœuvrer, et l'on manœuvre des deux côtés.

Cette seule obligation, qui devient comme un devoir des partis, indique assez l'erreur de la loi, puisque c'est la loi qui vient grandir toutes les passions, et qui force à chercher des victoires dans des moyens de tous les genres et très incontestablement, sous l'égide de la division; ainsi non-seulement il y a *erreur*, mais il y a *danger*.

Il y a *erreur*, du moment que la loi qui a produit et créé le système, n'assure point à la nation le résultat qu'elle devait s'en promettre. Il y a *danger*, puisque le résultat qu'on se promettait n'est plus certain; qu'il reste toujours douteux, et compromet le salut de l'état : or, on le demande, doit-il exister, sous un gouvernement constitutionnel, une loi qui puisse jamais compromettre le trône, la Charte et les libertés publiques ? Assurément une loi qui présente à la fois tant de périls, ne doit point être écrite au code des nations constituées.

Cependant, la loi nouvelle que l'on propose ne doit point changer le fond des choses : nous sommes régis par un gouvernement constitutionnel et représentatif; ainsi, il nous faut des assemblées d'électeurs, puisqu'il faut former une Chambre de députés; mais il nous faut des électeurs attachés à la chose publique par des liens sociaux reconnus et garantis; il nous faut des représentans qui ne soient pas nommés par des partis et par les passions; il nous faut en majorité les hommes de la patrie, des lois et du trône : c'est la pierre *philosopho-politique* qu'il faut tâcher de trouver. Et qu'on ne craigne pas les résultats de la majorité telle que nous la réclamons; qu'on ne les craigne ni en faveur du pouvoir, ni en faveur d'une permanence ministérielle. Une majorité loyale pénétrée de ses devoirs, telle qu'elle peut être constituée dans l'intérêt public, aurait bientôt écarté les ministres, si ceux-ci faisaient des fautes assez graves pour leur faire perdre la confiance de la nation et des Chambres.

§ XI. C'est une grande témérité, sans doute, que de se permettre de traiter d'une matière si délicate, si importante et si grave; cependant, si une idée utile a pu nous frapper, qu'elle ait pu nous séduire, pourquoi ne pas la communiquer au gouvernement ? Une conception simple et grande peut échapper à l'homme d'état, comme elle peut sortir de l'imagination d'un homme modeste et sans prétentions.

On a donc pensé que, pour arriver à un but aussi difficile à marquer et à atteindre, il faut changer le matériel de la loi, afin de neutraliser les intrigues et les passions; car il s'agit, sur toutes choses, de dominer les passions et les intrigues par des concessions entre les deux partis qui se disputent les avantages.

. . . .

. . . . Si la démocratie turbulente domine par le nombre, c'est un motif de plus pour ne lui faire que des concessions raisonnables ; la raison en est que notre gouvernement n'est point *démocratique*, et qu'en politique, un gouvernement, quel qu'il soit, ne doit point laisser attaquer ni changer les bases de sa constitution ; et qu'en adoptant par faiblesse des formes et des opinions qu'il ne s'agit plus de connaître et de juger que dans l'histoire, il ouvrirait devant lui un gouffre dans lequel il pourrait être précipité.

. . . .

Il est à savoir que dans un gouvernement représentatif, les grands ennemis du pouvoir ne sont pas ceux qui luttent parfois contre lui : les véritables ennemis du pouvoir sont ceux qui l'attaquent toujours et qui ne savent jamais le servir : ce sont ces ambitieux subalternes qu'il s'agit d'éloigner ; ce sera le but spécial de la loi proposée.

On verra dans notre projet . . . .

. . . .

Les combinaisons et les calculs, sortis de tant de lois diverses et de tant de modes différens, pour arriver à faire former des choix, ont cruellement trahi les intentions et les espérances de la nation française : jusqu'à présent ces lois n'ont produit de résultat que celui de jeter dans la société plus de passions que le pouvoir ne peut en contenir. (1) Proposons le mode annoncé, et disons :

Le but d'une loi sur les élections doit être d'assurer une

____

(1) Il n'est pas inutile de rapporter ici la série de tous les systèmes électoraux qui ont tour à tour fatigué la France depuis trente-quatre ans. — Mode d'élection adopté en 1789. — Loi de 1791. — Loi révolutionnaire en 1793. — Loi de 1795. — Loi de 1799. — Loi de 1817. — Loi de 1820.

conciliation sur tous les intérêts, marquée par une résolution législative que l'on pourrait traduire en ces termes : *Qu'aucun parti ne soit assez fort pour faire la loi, ni assez opprimé pour chercher des secours dans la révolte.*

On l'a déjà dit : neutraliser de part et d'autre la direction des volontés que les gens influens donnent toujours avec succès au parti dans lequel ils sont les plus forts ; ruiner par le calcul cette combinaison d'intérêts et d'opinions qu'ils ont l'art d'attirer à eux : voilà le port où il s'agit d'aborder.

§ XII. Mais avant d'arriver à notre proposition, nous devons nous étendre encore sur d'autres considérations qui tiennent à la matière.

S'agit-il de porter à la royauté les partisans de la royauté ? Ce ne serait donner à la royauté que ce qui lui appartient. Il faut obtenir une toute autre victoire : il s'agit d'unir à la durée du trône les nombreux partisans d'une sage et nécessaire liberté ; il s'agit, par la dévolution de fonctions correspondantes et respectives, d'obtenir de partis à partis, des communications qui puissent prendre un caractère de confiance : car ici il est nécessaire de rapprocher ceux qui semblent vouloir s'éloigner. Il est temps d'effacer de notre dialecte, ces dénominations déjà anciennes, toutes révolutionnaires, énoncées et prises réciproquement en mauvaise part : celles de *démocrates*, d'*aristocrates*, remplacées par celles de *libéraux* et de *royalistes* : ces dénominations données et toujours prises en mauvaise part, ne sont que des manifestes de guerre ; c'est pour cela qu'au milieu même des opérations électorales, il faut établir la mesure de concessions obligées, qui seront recherchées comme indispensables, et qui viendront nécessairement rétablir peu à peu les ressorts de la confiance, ces liens de famille, qui, avec le temps et pour le bonheur commun, doivent finir par rallier les Français sous les mêmes bannières.

La *démocratie* et l'*aristocratie* sont aujourd'hui en France des désignations tout-à-fait vides de sens. Si la constitution de notre pays était aristocratique ou démocratique, on pourrait avouer ces dénominations ; mais là où la chose n'existe pas, le nom de la chose doit disparaître, surtout de nos discussions parlementaires.

. . . .

La fidélité sera toujours conservatrice des libertés que nous avons obtenues et qui lui sont confiées, parce que la fidélité est toujours grande et loyale ; la félonie, la trahison ou la révolte de *fait* ou de *tribune*, qui ne sont qu'une même chose, amèneront toujours après elles la servitude, et la servitude pour tous.

Si le haut pouvoir se trouve obligé de repousser par la force les entreprises qu'elles pouvaient provoquer, alors il a droit de croire qu'il ne pourra plus conserver ses prérogatives et ses droits, qu'en étendant la plénitude de ses moyens et de sa puissance ; qu'au contraire, si les circonstances et les évènemens font triompher la révolte, une domination toujours tyrannique doit venir nous dévorer.

Ce doit être ici le lieu de s'expliquer sur la Charte, et de juger avec ceux qui nous prêtent quelque attention, si l'autorité et la puissance de cet acte indestructible s'opposent à l'amélioration de la loi actuelle des élections. On ne saurait le penser.

§ XIV. On sait par de tristes expériences, et l'on voit par nos débats parlementaires, que toutes les fois que des circonstances graves ont porté le pouvoir à proposer quelques mesures de haute politique, les hommes d'un certain parti ont crié à la violation de la Charte. Cependant il nous faut de la bonne foi dans l'exposition des rapports que l'on doit entretenir entre une loi nécessaire, l'esprit et la lettre de la Charte.

La Charte n'a pas pu tout prévoir ; ce serait ôter les moyens de gouvernement, que d'exiger que la Charte restât judaïquement dans ses mots ; quant aux intérêts sociaux qu'elle n'a pas tous exprimés.

Il faut traduire différemment ce que nous venons de dire et l'expliquer par ce qui a été écrit quelque part : *Ce serait renfermer les intérêts de la Couronne dans la lettre de cette même Charte, et refuser à la Couronne des antécédens dont elle ne s'est point départie, dont elle n'a pas voulu se départir, dont elle n'a pas pu se départir.*

Ces antécédens, tous relatifs aux moyens de gouverner, appartiennent bien plus à la nation qui veut être gouvernée, qu'à la royauté à laquelle le devoir de gouverner a toujours été imposé. . . . .

. . . .

. . . . Faudrait-il laisser périr la Charte, le gouvernement et le trône, faute d'avoir su ajouter ou retrancher à cette Charte quelques articles ou seulement quelques mots? Ne sait-on pas que le mal *de changer est toujours moins grand que le mal de souffrir?*

. . . .

Lorsque par quelques circonstances, la loi politique peut détruire l'état, il faut décider la question par une autre loi politique qui le conserve : *Bien loin que cette loi soit opposée à la première, elle y sera dans le fond entièrement conforme, puisqu'elles dépendront toutes deux de ce principe :* Le salut du peuple est la suprême loi (1).

. . . .

§ XV. Cependant, s'il est devenu nécessaire de changer la législation du système électoral, il n'est point question de porter atteinte à la Charte : jusqu'à présent rien ne nous impose la nécessité d'en faire la proposition; mais nous faisons celle de constituer la législation électorale de telle sorte, que l'on puisse repousser les hommes dangereux jusqu'à cette limite, qu'ils ne puissent jamais former le plus grand nom-

---

(1) Esprit des Lois, livre XXVI, chapitre XXIII. De l'ordre de succession au trône.

bre ; ce sera une mesure conservatrice digne d'un gouvernement fort.

. . . .

. . . . Or, on sait qu'il n'y a plus ni faction, ni factieux, quand il n'y a plus d'espoir de s'emparer de la domination ; quoi qu'il en soit, il n'est pas question d'exclure ; il s'agit de faire opérer une majorité de bons choix.

§ XVI. Pour y parvenir et pour écarter à jamais la domination (1). . . . .

. . . .

. . . . Car la domination la plus humiliante, la plus funeste au corps social, sans doute est celle qu'usurpent les factieux ; ils ne l'arrachent jamais que pour établir la tyrannie la plus odieuse, la plus sanguinaire. Ne laissons pas revenir ces temps affreux qui, sous leurs nouveaux couteaux, deviendraient plus affreux encore.

§ XVII. Il s'agit maintenant de juger si, par le matériel de la loi que l'on va proposer pour les opérations électorales, on ne peut pas. . . . .

. . . .

. . . . Même en supprimant le *double vote*, qui n'a été, pour un précédent ministère, qu'une ancre de miséricorde.

. . . .

. . . . La loi que nous proposons rattache ensemble et les électeurs et leurs opérations. . . . .

. . . .

Enfin, pourquoi ne pas espérer qu'une rivalité bien entendue, bien conduite, viendra dominer toutes les con-

---

(1) Ce Mémoire ayant été présenté au conseil des ministres, il a paru convenable que la communication que l'on en fait aujourd'hui au public, ne portât que sur les motifs qui en ont inspiré la pensée, et que la mesure proposée restât encore ignorée.

sciences? On doit finir par sentir qu'on est *Français*, et qu'il faut enfin le devenir dans toute l'acception que la patrie nous présente dans ce titre, si honoré par toutes les nations.

On est presque autorisé à croire que, si une telle loi ou toute autre, également fondamentale et conservatrice, se fût trouvée écrite avant la Charte, peut-être cet acte, si auguste dans son objet, n'eût pas élevé le caractère de l'éligibilité au *cens de mille francs*.

. . . .

Cette loi, toute matérielle qu'elle soit en elle-même, puisqu'elle n'est, pour ainsi dire, que le résultat d'un calcul mesuré, présente cependant un caractère évidemment *fondamental*, en ce sens, qu'elle assure l'autorité du côté de ceux qui n'en font usage que pour la paix et pour la gloire; en ce sens qu'elle doit former et maintenir des communications entre des partis qui finiront par devenir pacifiques; au moins il faut l'espérer.

. . . .

Telle est la conception dont on fait hommage aux hommes d'état appelés à maintenir l'ordre public et la stabilité de nos lois et celle du trône.

. . . .